*Os primórdios da cerveja no Brasil*

# Os Primórdios da
# CERVEJA
# no Brasil

SERGIO DE PAULA SANTOS

Copyright © 2003 Sergio de Paula Santos

Direitos reservados e protegidos pela Lei 9.610 de 19 de fevereiro de 1998. É proibida a reprodução total ou parcial sem autorização, por escrito, da editora.

1ª edição, 2003 / 2ª edição, 2004

Ficha catalográfica elaborada pelo Departamento Técnico do Sistema Integrado de Bibliotecas da USP

---

Santos, Sergio de Paula.
　Os primórdios da cerveja no Brasil / Sergio de Paula Santos. – 2. ed. – Cotia: Ateliê Editorial, 2004, c2003.
　56 p.
　ISBN 85-7480-183-6
　1. Cerveja (Brasil). 2. Cervejaria Brahma. I. Título.
　　　　　　　　　　　　　　　　　　　　　　CDD 663.42

---

Depósito Legal na Biblioteca Nacional, conforme
Decreto nº 1825, de 20 de dezembro de 1907.


Direitos reservados à
ATELIÊ EDITORIAL
Rua Manoel Pereira Leite, 15
06709-280 – Granja Viana – Cotia – SP
Telefax: (11) 4612-9666
www.atelie.com.br

Printed in Brazil 2004

# Sumário

Introdução ........................................ 9

A cerveja brasileira ............................ 17

História não-autorizada da Companhia
 Antarctica Paulista ........................ 23

A sucessão ....................................... 31

Companhia Cervejaria Brahma ............ 43

A *Reinheitsgebot* ou a Lei da Pureza ...... 47

# Introdução

Muito se tem escrito sobre a cerveja, sobre sua origem, sua história, da Antiguidade suméria aos nossos dias, dos vários tipos de cerveja, das estatísticas dos maiores produtores e consumidores, das cervejarias de todo mundo etc. etc.

Pouca coisa entretanto tem sido divulgada sobre a cerveja no Brasil e menos ainda sobre sua história no país. As informações disponíveis a esse respeito limitam-se quase que aos dados fornecidos pelas próprias cervejarias, inclusive pelos das maiores, a Antarctica e a Brahma. São por assim dizer a "história autorizada" das duas empresas.

Sua "fusão" em 1999, da qual resultou a AmBev (American Beverage Company), foi na realidade uma simples encampação da empresa menor pela maior[1].

O que aqui se pretende é levantar alguns dados sobre as primeiras cervejas consumidas no país, dos primórdios, como diz o título, aos nossos dias, passando naturalmente pelas duas maiores empresas cervejeiras citadas.

Cabe lembrar sempre que com a cerveja, uma das paixões nacionais, como com o futebol, o carnaval, o samba e outras, as preferências são pessoais, não cabendo discuti-las, mas apenas, como dito, localizar suas origens e alguma história.

Afinal, nossa AmBev é a segunda maior produtora mundial de cerveja, com 64,8 milhões de hl, atrás apenas da Anheuser Bush, americana, com 113,4 milhões de hl[2].

INTRODUÇÃO

Nossos colonizadores portugueses não eram consumidores de cerveja, muito menos os naturais da terra, que sequer a conheciam. A bebida chegou ao país, possível e provavelmente no século XVII, com a colonização holandesa (1634-1654), pela Companhia das Índias Ocidentais[3]. Os flamengos, grandes apreciadores de cerveja, tinham uma boa organização política, bem como de suprimentos e até de cultura e lazer.

Com a saída dos holandeses em 1654[4], a cerveja deixou o país por um século e meio, só reaparecendo no final do século XVIII e início do seguinte.

Ao tempo da Colônia os portos brasileiros eram fechados aos navios estrangeiros, só tendo sido abertos quando da chegada da família real portuguesa em 1808. Assim, antes desta data, a cerveja consumida no país, vinha contrabandeada, para o Recife, para o Rio de Janeiro e Salvador. O inglês Lindley tomou-a em 1800 em um mosteiro, em Salvador, onde encontrou um grande estoque de cerveja de sua terra[5].

A partir de 1808, inúmeros comerciantes estrangeiros, principalmente ingleses, instalaram-se no Brasil, fazendo vir da Europa, entre outros produtos, a cerveja. Caberia lembrar a grande influência comercial (e conseqüentemente cultural) da Inglaterra, na época, sobre Portugal, bem como que no início do século XIX a Inglaterra era, de longe, a maior produtora de cerveja da Europa. Assim, os ingleses no Brasil, como em qualquer outra parte, não abriam mão de suas preferências tradicionais, bem como os portugueses de mais posses, imitando os ingleses, passam a ter em suas mesas, o pão branco, o chá, o queijo, o presunto, o gim, o uísque e a cerveja[6].

Nessas condições, é compreensível que a cerveja inglesa, tenha dominado por longo tempo o mercado brasileiro, com a Porter e a Pale Ale, oriunda de Burton upon Trent, menos alcoólica.

O domínio da cerveja inglesa em nosso país durou até os anos setenta, quando declinou significativamente. De 1865 a 1869 o valor da cerveja inglesa enviada para o Brasil foi de 480 mil libras, contra noventa mil de 1885 a 1889[7]. O fato deveu-se certamente à concorrência da cerveja já produzida no Brasil, de qualidade inferior, porém mais barata.

No final do século a importação voltou a crescer, ainda que a níveis inferiores aos dos anos sessenta, mas agora a preferência era pela cerveja alemã, que vinha em garrafas e em caixas, ao contrário das antigas cervejas inglesas, até então trazidas em barris.

Na realidade desde a segunda metade do século XIX a cerveja alemã já vinha ganhando espaço e predominância em toda Europa continental, pelo sucesso da variedade de baixa fermentação, da Baviera e da Boêmia. Essa cerveja se contrapunha à de alta fermentação, era clara, límpida, conservava-se melhor e correspondia mais ao paladar da época. Sua produção em grande escala correspondeu também ao desenvolvimento de sistemas de refrigeração eficientes. A fermentação era realizada em temperaturas muito baixas e posteriormente armazenada em ambientes refrigerados. Outro equipamento imprescindível para as novas cervejarias eram as máquinas a vapor, como as da Inglaterra. Esses progressos difundiram-se rapidamente por vários países da Europa e da América.

No Brasil o período áureo da cerveja alemã não foi longo, pois em 1896 o governo quadruplicou os impostos de importação e em 1904 mais ainda, limitando a importação.

Com essas dificuldades e com o desenvolvimento da indústria nacional da cerve-

INTRODUÇÃO

ja, no início do século XX, praticamente cessou a importação.

NOTAS

1. Em 1999 a Companhia Cervejaria Brahma, entre outras empresas, foi comprada pelo grupo G.P. (Garantia Partners). A empresa oficialmente teria se associado à Antarctica, dando origem à AmBev, que pretende ser uma multinacional brasileira. É sua intenção adquirir a cervejaria Quilmes argentina, a Polar venezuelana entre outras.
2. Conrad Seidls, *Bier Katechismus*, Viena, Deuticke, 1999.
3. Luís da Câmara Cascudo, *História da Alimentação no Brasil*, São Paulo, Companhia Editorial Nacional, 1968, vol. 2, p. 425.
4. A "expulsão" dos holandeses é uma versão da historiografia oficial. Apesar de algumas batalhas perdidas, os holandeses detinham a supremacia naval e retiraram-se na realidade por disputas internas com a Zelândia, enquanto Amsterdam considerou o sal de Setúbal mais importante que o açúcar do Brasil. Os portugueses, "vencedores", tiveram que pagar quatro milhões de cruzados em compensação (Maria Beatriz Nizza da Silva (coord.), *Dicionário da Colonização Portuguesa no Brasil*, Lisboa, Verbo, 1994, p. 406).
5. Gilberto Freyre, *Ingleses no Brasil*, 2. ed., Rio de Janeiro, José Olímpio, 1977, p. 137.

6. Maria Beatriz Nizza da Silva, *Cultura e Sociedade no Rio de Janeiro (1808-1821)*, São Paulo, Companhia Editorial Nacional, 1997, pp. 3-20
7. *Jahresbericht der preussicher Konsulats zu Rio de Janeiro für 1874* e Richard Graham, *Britain and the Onset of Modernization in Brazil, 1850 a 1914*, Cambridge, 1972, p. 11.

# A cerveja brasileira

Não se pode datar com precisão o início da produção da cerveja no Brasil. No final dos anos vinte (do século XIX), o oficial alemão Carl Seidler encontrou no Rio Grande do Sul, imigrantes alemães com conhecimento para fabricar lucrativamente cerveja[1]. Em 27 de outubro de 1836 aparece no Jornal do Comércio do Rio de Janeiro, um anúncio no qual se oferecia cerveja brasileira. Esse é o primeiro documento conhecido sobre a produção da cerveja no país, cujo texto diz: "Na rua Matacavalos nº 90[2] e na rua Direita nº 86[3], da Cervejaria Brasileira, vende-se cerveja, bebida acolhida favoravelmente e muito procurada. Essa saudável bebida reúne a barateza a um sabor agradável e à propriedade de conservar-se por muito tempo".

Até 1850 tem-se notícias de algumas poucas cervejarias no Rio de Janeiro, São Paulo e regiões de imigração alemã no Rio Grande do Sul – Henrique Leiden, Villas Boas e Cia., Cervejas Gabel, Logus, Versoso, Stampa, Rosa, Leal etc., todas artesanais, de pequena produção (duzentos a trezentos mil garrafas/ano)[4] e vida efêmera.

Como vimos, nos anos 1860 e 1870, houve um grande aumento da produção de cerveja, que se manteve até a Primeira Guerra Mundial, quando não se pôde mais obter cevada e lúpulo de procedência alemã e austríaca. Nossas cervejas, artesanais, tinham um precário controle de fermentação e conseqüentemente uma pressão variável. As rolhas eram então presas às garrafas por barbantes (como hoje se fixam as de champanhe com arame), dando origem à expressão "marca barbante", usada desde então, por extensão, para qualquer produto ordinário.

Lembre-se também que o abastecimento de cevada e lúpulo sempre foi problemático, tendo os cervejeiros que recorrer a outros cereais como arroz, milho, trigo etc., prática corrente em vários países, inclusive, infelizmente, no nosso.

No Rio Grande do Sul no final do século XIX os imigrantes de origem alemã e italiana produziam (como no caso do vinho), sua cerveja doméstica, comercializando-as em suas vendas-cervejarias, como uma atividade secundária. Na época calculou-se cerca de uma centena desses estabelecimentos[5].

As primeiras cervejarias industrializadas do país surgiram nas décadas de 1870 e 1880. A pioneira foi a de Friederich Christoffel, em Porto Alegre, que em

1878 produzia mais de um milhão de garrafas. Ainda assim continuava a dificuldade de obtenção da matéria-prima e o mesmo problema da fermentação em um país de clima tropical. Tentou-se o controle da temperatura de fermentação com o uso do gelo natural, trazido em barcos a vela dos Estados Unidos.

Em 1880 instalaram-se no Rio de Janeiro as primeiras máquinas compressoras frigoríficas, que produzindo gelo artificial, propiciavam um ambiente refrigerado, representando um grande avanço na indústria cervejeira do país. Com essa tecnologia pode-se obter uma cerveja de baixa fermentação, uniforme e límpida, como as da Bavária e da Boêmia.

Data dessa época a fundação das duas cervejarias que viriam a dominar o mercado nacional, a Companhia Cervejaria Brahma do Rio de Janeiro e a Companhia Antarctica Paulista.

## NOTAS

1. Carl Seidler, *Zehn Jahre in Brasilien wärend der Regierung Dom Pedro und dessen Entthronung*, Hamburg, Leipzig, Druk und Verlag von Gottfried Basse, 1835, vol. I, p. 179.
2. Hoje rua Riachuelo.
3. Hoje rua Primeiro de Março.
4. Para se ter uma idéia da insignificância dessa produção, lembre-se que em uma única tarde de futebol no estádio do Maracanã consome-se, às vezes, vinte mil garrafas de cerveja e em um ensaio de escola de samba no Rio de Janeiro, cerca de 35 mil...
5. Eduard Dettmann, *Brasiliens Aufschwung in deutscher Beleuchtung*, Berlin; *Revista do Instituto Histórico e Geográfico Brasileiro*, Rio de Janeiro, 1908, p. 206.

# História não-autorizada da Companhia Antarctica Paulista

Praticamente tudo o que se tem escrito sobre a história da Antarctica e da Brahma são matérias laudatórias e/ou pagas, bem pagas aliás. Nomes de prestígio, como Antonio Houaiss[1], Gilberto Freyre[2] e Jorge Americano[3] não foram exceções. A exceção, que confirma a regra, foi o exaustivo trabalho de Edgard Köb, do qual tomamos algumas informações, mas que chega entretanto apenas a 1930[4].

Louis Bücher, de uma família de cervejeiros de Wiesbaden, Alemanha, chega a São Paulo em 1868 e abre uma pequena cervejaria, na qual emprega arroz, milho e outros cereais, em vez de cevada. Em 1882 associa-se a Joaquim Salles, proprietário de um abatedouro de suínos, localizado no atual bairro da Água Branca, estabelecimento que tinha o nome de "Antarctica".

Salles possuía uma "máquina de fazer gelo" em seu abatedouro, com capacidade ociosa. Procurando uma nova serventia para sua "máquina", associou-se a Bücher, cervejeiro, que necessitava de gelo. Criou-se assim em 1888, na Água Branca, a primeira fábrica de cerveja do país, com tecnologia apropriada para a de baixa fermentação, a "Antarctica Paulista – Fábrica de Gelo e Cervejaria", dirigida por Louis Bücher[5].

A produção inicial da nova cervejaria foi muito pequena, de 1000 a 1500 litros diários, logo aumentados para seis mil.

Em 12 de fevereiro de 1891 a empresa passou a chamar-se Companhia Antarctica Paulista, agora uma sociedade anônima com 61 acionistas e 2 245 contos de réis de capital inicial. Entre os acionistas estavam João Carlos Antonio Zerrener, alemão, e Adam Ditrik von Bülow, dinamarquês, ambos naturalizados brasileiros e proprietários da empresa Zerrener, Bülow e Cia., de Santos, importadores, exportadores e corretores de café.

Ambos desempenharam um papel fundamental na modernização da empresa, fornecendo equipamentos importados da Alemanha e colocando à disposição da nova sociedade 860 contos de réis de seu próprio capital.

Em 1893 a desvalorização da moeda brasileira deixou a firma em situação de insolvência[6]. Foi quando Zerrener e von Bülow assumiram o controle da empresa e os acionistas decidiram por unanimidade reduzir o capital para 1 710 contos de réis e o crédito concedido pela firma Zerrener e Bülow foi transformado em ações, tornando ambos majoritários da empresa cervejeira.

Os problemas financeiros não duraram muito. Em 1899 o capital da empresa passou a 3 500 contos de réis, empregava trezentos funcionários, produzia cinqüenta mil hl anuais de cerveja e cinqüenta toneladas de gelo por dia.

Seis anos depois, a Antarctica comprou sua maior concorrente em São Paulo, a Cervejaria Bavária, de Henrique Stupakoff, por 3 700 contos de réis, quando seu capital já era de 8 500 contos. Nessa época a Antarctica Paulista estabeleceu um acordo com a maior cervejaria carioca, a Companhia Cervejaria Brahma, regulando os preços e os volumes de venda em todo território nacional[7]. Foi o primeiro cartel da cerveja no país, e não seria o último.

Em 1902 o capital da empresa era de dez mil contos, pagando altos dividendos aos acionistas – de apenas 3% em 1891, de

6 a 20% de 1898 a 1901, estabilizando-se em 10% em 1906.

A produção de água mineral iniciou-se em 1909 e dois anos depois construiu-se uma sede em Ribeirão Preto. No início dos anos 1920, com um capital de 12750 contos de réis a produção era de 250 mil hl anuais.

Em 1920 a Antarctica mudou-se da Água Branca para a Mooca, na Av. Presidente Wilson, para as antigas instalações da Cervejaria Bavária, onde está até hoje. Uma das razões da mudança talvez tenha sido a proximidade das fábricas de sabão das Indústrias Matarazzo, que empestavam o ar de toda região.

Foi também nessa época, em 1921, que a Antarctica vendeu ao então "Palestra Itália", hoje Palmeiras, o terreno onde está o clube (razão do nome "Parque Antarctica"), por preço e prazo "de égua"... Uma das cláusulas da transação era um "contrato perpétuo" de venda dos produtos da companhia.

A partir de 1930 tanto a Antarctica como a Brahma passaram a eliminar quase todos os concorrentes, processo na realidade iniciado em 1904 e mantido também com relação à importação das cervejas estrangeiras, graças a pressões, influências e poder das duas empresas sobre as autoridades responsáveis pela política alfandegária.

Com essa atitude a cerveja nacional era um produto caro para o consumidor comum. O salário diário de um serralheiro em 1919 correspondia a seis a oito garrafas de cerveja. O de um operário têxtil, de quatro a dez garrafas e o de uma faxineira somente duas e meia garrafas de cerveja Antarctica. Contava meu pai, que na década de 1920, em Lins, no interior paulista, uma cerveja custava duzentos réis. Se gelada, trezentos.

## NOTAS

1. Antonio Houaiss, *A Cerveja e seus Mistérios*, Rio de Janeiro, Salamandra, 1986.
2. Gilberto Freyre, *Antarctica, Ontem, Hoje e Sempre*, edição comemorativa dos 75 anos da Companhia Antarctica Paulista, São Paulo, 1966, p. 3.
3. Jorge Americano, *Antarctica, Ontem, Hoje e Sempre*, p. 6. Jorge Americano fez parte do Conselho Fiscal da Antarctica por mais de trinta anos.
4. Edgard Köb, "Como a Cerveja se Tornou Bebida Brasileira – A História da Cerveja no Brasil desde o Início até 1930", *Revista do Instituto Histórico e Geográfico Brasileiro*, Rio de Janeiro, IHGB, 161 (409), 2000, pp. 29-58.
5. Do primeiro logotipo da empresa constavam dois ursos brancos sobre um campo de gelo, supostos habitantes do continente antártico, a Antártica. Quando os dirigentes da empresa se deram conta de que no pólo sul não havia ursos, mudaram o logotipo para o dos dois pingüins sobre o mesmo campo gelado, como o conhecemos hoje.
6. A crise financeira, ocorrida no início da República passou para a história com o nome de "encilhamento".
7. Edgar Köb, *op. cit.*, p. 38.

# A sucessão

Adam Ditrik von Bülow morre em 1923, passando seu patrimônio aos cinco filhos, dos quais dois vendem as ações da companhia ao sócio Zerrener, que passa a ser majoritário e assume o controle da empresa.

Antonio Zerrener morre em 1933, sem filhos, deixando como testamenteiros Julius Flohr, Martin Spremberg, Kurt Martin, Rodolfo Troppmair e Augusto de Covello, o único brasileiro.

Dispõe em seu testamento, de 1932 (ao qual tivemos acesso)[1], que a esposa, Helene Mathilde Ilda Emma Zerrener, com quem era casado em regime de separação de bens, seja "dotada somente com R$ 50:000$000 (cincoenta contos de réis)"... e que após a morte desta todos seus bens sejam enviados à Alemanha, onde seriam destinados a uma fundação beneficente e obras de caridade. Determina também que seu corpo seja sepultado em sua cidade natal, Lübeck, o que naturalmente foi feito.

Logo após a morte de Antonio Zerrener, os advogados de sua viúva procuraram transformá-la de *legatária* (conforme dispunha o testamento do marido), em *herdeira* de todos os seus bens, para evitar que os mesmos fossem enviados ao exterior. Ainda durante o processo Helene vem a falecer, em 1936, deixando como testamenteiros Walter Belian, Antonio Bento Vidal, Manuel Thedim Lobo, Albert Wolf e Fritz Gericke, os dois últimos alemães e residentes na Alemanha. Coube aos testamenteiros brasileiros e residentes no Brasil, "a posse e a administração de meus bens em sua totalidade e em conjunto"[2].

De seu testamento, de 1934, entre os inúmeros beneficiados, no Brasil e na Alemanha, consta um, que não poderíamos deixar de transcrever:

"Parte IV, b... assistência a crianças necessitadas e doentes de famílias pobres de membros do Partido Nacional-Socialista (National-Sozialistche Deutsche Arbeiter Partei), que o respectivo presidente, Snr. Adolph Hitler (der Fuehrer der N.S.D.A.P.) determinar"[3].

Determinou também fosse sepultada junto ao marido, em Lübeck. Logo a seguir os testamenteiros de Helene Zerrener se desentenderam com relação à administração do imenso patrimônio, especialmente quanto a criação da Fundação Antonio e Helene Zerrener, que viria a ser a acionista majoritária da Companhia Antarctica Paulista. Iniciou-se uma disputa entre os grupos de acionistas ligados a Belian, a Bento Vidal, a von Bülow e naturalmente aos herdeiros da Alemanha, para onde se destinava originalmente o patrimônio e a Fundação.

Foi um longo e desgastante processo, com várias alternativas, que durou mais de uma década e envolveu quase todo meio jurídico da pequena São Paulo de então. Em 1938 criou-se a Fundação Zerrener, mas a disputa só viria a terminar em 1944 com a vitória do grupo de Belian, que passou a ser o "plenipotenciário" da Fundação e conseqüentemente da Antarctica.

Nesse meio tempo, em 1939, ocorreu um fato curioso, que visto com a perspectiva de mais de sessenta anos, pode ser considerado hilário. O então interventor federal do Estado Novo getulista em São Paulo, Ademar de Barros, entreviu na Antarctica um bom negócio, para si naturalmente.

Invadiu e ocupou militarmente a empresa durante uma reunião de diretoria, prendendo seus membros. Afinal a empresa era, segundo o interventor, "uma propriedade de alemães", então em guerra com o Brasil.

Foram presos, entre outros, Walter Belian, von Hardt, Emilio Bacchi, Luis Ferreira Pires. Von Bülow (Karl Adolph, filho de Adam), não pôde ser preso por gozar de imunidade diplomática. Como o pai, foi cônsul da Dinamarca em São Paulo, e socialmente bem relacionado. Foi ao presidente da República e o próprio Getúlio interveio, desculpando-se junto à empresa, o que não impediu entretanto terem sido seus diretores "hóspedes do governo" por cerca de dez dias...

Em 1942 morre Karl Adolph von Bülow, filho do fundador Adam e é substituído na empresa por seu filho, homônimo do avô, e por seu genro Luis de Morgan Snell. Belian cioso pelo poder afastou os dois novos diretores, rompendo o *gentlemen agreement*, que vigorava entre as duas famílias majoritárias da empresa, desde sua fundação[4].

Em 1958 nova disputa judicial entre os herdeiros de von Bülow e Belian duraria mais cinco anos. Com relação aos herdeiros alemães, a disputa continuava, interrompida naturalmente pela Segunda Guerra, vindo a se encerrar apenas com a decisão do Supremo Tribunal Federal em 1962, contra a pretensão dos alemães, que tiveram seus legados incorporados à Fundação brasileira.

Os detalhes dessas disputas, curiosamente permanecem até hoje verdadeiros tabus. Pouco se divulgava na ocasião e mesmo os poucos sobreviventes da época evitam falar do assunto. Tivemos que recorrer a depoimentos de alguns descendentes das partes litigiosas, que não devem ser imparciais nem ter conhecimento de todos os fatos, bem como a publicações jurídicas e jornais da época, fornecidas também pelas mesmas fontes[5].

Autoritário e eficiente na política, Walter Belian não foi tão bom administrador. Dispunha de um batalhão de advogados do melhor nível, que o acompanhavam até nas reuniões de diretoria.

Paralelamente a empresa teve algumas "ligações" duvidosas, como por exemplo com o "pouco exemplar" Assis Chateaubriand, cujas empresas, os Diários Associados, faziam toda publicidade da Antarctica. Para seus adversários, Belian preferia resolver suas pendências, quando possível, com dinheiro ou vantagens. Entre 1955 e 1957, O. A. Bindel e Samuel Wainer (este diretor da *Última Hora*, jornal escandaloso criado para apoiar Vargas), desafetos de Belian, pretenderam extorqui-lo, com reportagens caluniosas sobre a Antarctica. Wainer foi derrotado na justiça, Bindel não.

Recebeu como "recompensa" um cargo na direção da empresa, situação que manteve até o fim da vida. Como esses casos, há vários outros, nem sempre divulgados ou esclarecidos.

Nessas condições por mais poderosa que fosse a empresa, e era, seria difícil manter uma contabilidade clara. A situação chegou a tal ponto que a Curadoria das Fundações, a mandado da Procuradoria Geral da Fazenda do Estado, afastou Belian da Fundação Zerrener, colocando em seu lugar um interventor, o juiz da Segunda Vara da Família, José Luiz Vicente de Azevedo Franceschini, considerado um homem extremamente rigoroso.

Quando da construção de Brasília, inaugurada em 1960, Belian aproximou-se de Juscelino Kubitschek, visando seu apoio para voltar à Fundação Zerrener. Chegou a prometer ao presidente a instalação de uma cervejaria na nova capital. O apoio presidencial foi decisivo para Belian, mas a promessa da cervejaria não foi cumprida.

Na ocasião, nas primeiras instâncias do processo em que Belian pleiteava retornar à Fundação, o pretendente não tivera um único voto favorável. Após o apoio presidencial, venceu no Supremo Tribunal Federal sem nenhum voto desfavorável, onze a zero...

Belian morreu em 1975, sendo sucedido por sua irmã Erna Belian Wernsdorf Rappa. Com o tempo os lucros da companhia foram diminuindo e conseqüentemente os dividendos das ações da Fundação Zerrener, principalmente na década de 1990, quando praticamente não distribuiu dividendos.

Em 1999 a Antarctica, como dito, "fundiu-se" com a Brahma, criando-se a AmBev, da qual naturalmente a Fundação Zerrener faz parte.

A mais curiosa e recente notícia relativa à AmBev vem de outra paixão nacional, como a cerveja, o futebol. É o contrato, de 2001, com a famigerada CBF, Confederação Brasileira de Futebol, em plena vigência do contrato de patrocínio da seleção brasileira de futebol com a Coca-Cola...

Em princípio poderia parecer apenas uma questão de concorrência comercial, mas não parece ser exatamente o caso. Como explicar a "comissão" de intermediação de oito milhões de reais pagos à M. B., uma empresa desconhecida, pertencente a Renato Tiraboschi, amigo íntimo e ex-sócio do suspeitíssimo Ricardo Teixeira (presidente da CBF, investigado pela Câmara e pelo Senado Federal), no restaurante El Turf?

Pelo contrato da AmBev e seu Guaraná Antarctica com a CBF, esta receberá US$ 10 milhões anuais, por dezoito anos, a contar de 2001 para patrocinar a seleção brasileira de futebol[6].

Se a M.B. entrou no negócio após o início dos contatos da AmBev com a CBF, por que então a "comissão" para Tiraboschi? Talvez seja algum fantasma do passado ainda rondando pela empresa...

## NOTAS

1. Testamento do Comendador Antonio Zerrener, "Contra o Assalto ao Patrimônio de uma Instituição Paulista", em Plinio Barreto e Antonio Bento Vidal, E. G. *Revista dos Tribunais*, Apenso II, São Paulo, p. 203.
2. *Op. cit.*, Apenso III, p. 203.
3. *Op. cit.*, Apenso III, p. 201.
4. Posteriormente Adam von Bülow e Morgan Snell voltaram à diretoria da Antarctica.
5. *Diário de São Paulo*, 4 de março e 28 de dezembro de 1960.
6. *O Estado de S. Paulo*, 28.2.2002.

# Companhia
# Cervejaria Brahma

Tão antiga como a Antarctica, da Brahma temos menos informações.

No final do século XIX chegou ao Rio de Janeiro o imigrante suíço Joseph Villiger, engenheiro de profissão. Apreciador e conhecedor de cerveja, não gostou da que encontrou por aqui e decidiu fazer sua própria cerveja. A "produção" foi apreciada pelos amigos e pelos amigos destes, a ponto de em 1888, Villiger resolver industrializar sua cerveja, ainda no Império.

Fundou a Manufatura de Cerveja Brahma, Villiger e Companhia, que se instalou na rua Barão de Sapucaí nº 128, com 32 funcionários e uma produção diária de doze mil litros. Nunca se esclareceu a razão do nome *Brahma*.

Seis anos depois, em 1894, a pequena empresa é comprada por Georg Maschke, que a amplia e moderniza, dando seu nome à mesma, mas conservando o nome Brahma – Georg Maschke e Companhia Cervejaria Brahma.

Em 1904 a companhia associou-se à importante fábrica de cerveja Preiss, Hausler e Companhia Teutônica, surgindo a Companhia Cervejaria Brahma, presidida por Georg Maschke, com capital de cinco mil contos de réis. Maschke foi sucedido dois anos depois, em 1906, por Johann Kunning.

A produção de refrigerantes iniciou-se em 1918, mas a grande originalidade da empresa foi o lançamento, em 1934, da Brahma Chopp, o chope engarrafado, que se tornou um grande sucesso, estimulado pelo carnaval daquele ano, quando uma marchinha de Ary Barroso e Bastos Tigre, *Chopp em Garrafa*, foi gravada por Orlando Silva. A produção daquele ano foi de trinta milhões de litros, enorme para a época.

Como sua concorrente paulista, a Antarctica, a Companhia Cervejaria Brahma cresceu muito, expandindo-se por todo o país e encampando inúmeras outras cervejarias, de várias partes, inclusive a Skol-Caracu, em 1980.

Em 1982 aparece a Cervejaria Kaiser, fundada pelo empresário mineiro Luis Otavio Possas Gonçalves, fabricante e distribuidor regional da Coca-Cola Company, o que convenhamos, preconceito a parte, não a recomenda.

O *Estado de S. Paulo* de 2.3.2002 informa sobre a compra da Kaiser pela cervejaria canadense Molson, por "quase US$ 1 bilhão". A Molson que já comprara a Bavária, da AmBev, terá assim cerca de 20%

do mercado cervejeiro nacional. O anúncio oficial da transação, segundo o jornal, deverá ser feito em breve.

Existem ainda em nosso mercado, além das cervejas importadas (que estatisticamente pouco representam), várias outras cervejarias menores, microcervejarias, mas nem por isso de qualidade menor.

Como dito inicialmente, pretendeu-se fazer um breve levantamento dos primórdios da cerveja em nosso país, sem qualquer avaliação qualitativa.

# A *Reinheitsgebot* ou a Lei da Pureza

Ao cabo e ao fim caberia entretanto lembrar que se o Brasil é um significativo produtor e razoável consumidor de cerveja, por outro lado pouco tem cuidado de melhorar sua qualidade[1].

A qualidade da cerveja, ao contrário da do vinho, independe do solo e do clima. Suas características e qualidade estão ligadas aos cereais de que provêm, à água e à tecnologia, mas principalmente à pureza de seus componentes. Assim, a água, em nenhuma hipótese deve ser calcária, "pesada".

A lei que regulamenta a produção das melhores cervejas é a chamada *Reinheits-*

*gebot*, a lei da pureza, promulgada há quase cinco séculos, em 23 de abril de 1516, na Baviera, por Guilherme IV, duque da Baviera, segundo a qual a cerveja deve ser produzida tão-somente a partir de malte de cevada, lúpulo e água. Na época não se identificava o fermento, *Sacharomyces cerevisae*, depois reconhecido e naturalmente acrescentado à lei. A única exceção permitida é a do uso do malte de trigo, se o processo for para a cerveja de alta fermentação.

Para os cervejeiros brasileiros "malte" significaria cereal germinado, sem especificar qual. Assim, quando em nossas latas de cerveja, consta como componente o "malte", pode ser qualquer cereal — arroz, milho, trigo, cevada, centeio etc.[2]. É um modo de iludir o consumidor, usando-se fartamente o arroz e o milho, mais baratos, em lugar da cevada, mais saborosa, porém mais cara, por ter de ser importada[3].

A lei da pureza é seguida em vários países, entre os quais a Alemanha (em toda Baviera) e na República Tcheca, terras de grandes cervejas[4]. Curiosamente apesar de tão antiga, a *Reinheitsgebot* não é a primeira lei a tratar da produção da cerveja. O *Código de Hamurabi*, de 1750 a.C. já regulamentava essa atividade na Mesopotâmia.

Em uma época de obsessão pelos produtos ditos naturais, pela agricultura dita orgânica, pela pureza dos alimentos, pela demonização dos conservantes, não seria coerente adotarmos também a lei da pureza para a cerveja? Ou pelo menos informar ao consumidor corretamente o que está bebendo?

Afinal a cerveja é uma das paixões nacionais, que em podendo ser melhorada, certamente nos dará ainda mais prazer e mais alegria.

## NOTAS

1. O Brasil é atualmente (2003) o quinto produtor mundial de cerveja, com setenta milhões de hl anuais (sessenta milhões dos quais produzidos pela AmBev), após os Estados Unidos, Alemanha, China e Japão, e consumimos cinqüenta litros anuais *per capita*, contra apenas dois litros de vinho (2001). Tem-se como certo que em futuro próximo a China será o maior produtor mundial de cerveja. A informação da nota 2 do primeiro capítulo (Conrad Seidls, *Bier Katechismus*) sobre a produção cervejeira da AmBev, não coincide com a que nos foi informada pela empresa.
2. O *Dicionário Aurélio* não concorda com nossos cervejeiros. Segundo Aurélio, "malte" é o "produto da germinação das sementes de cevada para emprego industrial, utilizado no fabrico de cervejas"...
3. Há alguns anos a Brahma vem cultivando a cevada em Campos Novos, Santa Catarina, naturalmente atendendo uma parte mínima do consumo nacional, informação de Edson Nelson Ubaldo.
4. Com o advento do Mercado Comum Europeu, por imposição da França, é permitido na Comunidade Européia o emprego de outros cereais além da cevada, o que ocorre mesmo em algumas cervejarías alemãs. Por outro lado convenhamos que, em matéria de cerveja, a França não tem maior expressão.

# Agradecimentos

Christian von Bülow
Edson Nelson Ubaldo
Eduardo Bento Vidal
Frederico von Bülow Ulson
João de Souza Araujo Jr.
José Carlos Vicente de Azevedo Franceschini
Reginaldo Bacchi
Roberto Bento Vidal
Victorio Carlos De Marchi

| | |
|---:|:---|
| *Título* | OS PRIMÓRDIOS DA CERVEJA NO BRASIL |
| *Autor* | SERGIO DE PAULA SANTOS |
| *Design* | NEGRITO DESIGN EDITORIAL |
| *Capa* | ANA PAULA FUJITA |
| *Formato* | 10 X 15 CM |
| *Tipologia* | MINION |
| *Papel de Miolo* | PÓLEN BOLD 90 G/M² |
| *Papel de Capa* | CARTÃO SUPREMO 250 G/M² |
| *Fotolito* | LINER |
| *Impressão* | LIS GRÁFICA |